18 Juin 1889

COLLECTION

DE

Feu M. COSTE, d'Aix

IMPRIMERIE MAULDE ET RENOU

A. MAULDE & Cie

IMPRIMEURS DE LA COMPAGNIE DES COMMISSAIRES-PRISEURS

Rue de Rivoli, 144

CATALOGUE

DES

TABLEAUX ANCIENS

DES DIFFÉRENTES ÉCOLES

PEINTURES DES ÉCOLES PRIMITIVES

AU NOMBRE DESQUELS

Une Œuvre de FRA ANGELICO de Fiesole

GOUACHES, MINIATURES

CURIOSITÉS

Faïences italiennes, Sculptures, Objets de Vitrine

COMPOSANT LA

Collection de feu M. COSTE, d'Aix

ET DONT LA VENTE AURA LIEU

HOTEL DROUOT, SALLE N° 1

Les **Mardi** 18, **Mercredi** 19 et **Jeudi** 20 **Juin** 1889

A DEUX HEURES

Par le ministère de Me **PLAÇAIS**, Commissaire-Priseur, rue Hippolyte-Lebas, 5

Assisté de **M. B. LASQUIN**, Expert, rue Laffitte, 12

CHEZ LESQUELS SE TROUVE LE PRÉSENT CATALOGUE

EXPOSITION PUBLIQUE

Le Lundi 17 Juin 1889, de une heure à cinq heures

PARIS — 1889

CONDITIONS DE LA VENTE

Elle sera faite au comptant.

Les Acquéreurs paieront, en sus du prix des adjudications, CINQ CENTIMES PAR FRANC, applicables aux frais.

DÉSIGNATION

TABLEAUX ANCIENS

FRA ANGELICO DE FIESOLE

1 — Le Couronnement de la Vierge.

La Vierge est agenouillée devant Dieu le Père sur un autel entouré d'un concert céleste et d'un grand nombre de Saintes Femmes.

Précieuse peinture sur fond d'or dans un encadrement ogival.

2 — **Achen** (Van). Portrait d'un chasseur.

3 — **Albane.** La Fuite en Egypte.

3 — **Albane**. Saint-Jean-Baptiste, peinture sur marbre.

5 — **André del Sarte** (Attribué à). La Vierge, l'Enfant Jésus, le petit Saint Jean et Sainte Anne.

6 — **Artois** (Jacques Van). Voyageurs dévalisés par des brigands dans une forêt.

7 — **Baccio della Porta** (dit **Fra Bartholomeo**). La Vierge, l'Enfant Jésus et Saint Jean.

Beau tableau empreint d'un sentiment raphaélesque.

8 — **Balen** (Van). Diane et ses compagnes.

9 — **Ballen** (Van). La Sainte-Famille dans un intérieur.

10 — **Bassan**. La Tonte des moutons.

11 — **Bassan** (Ecole des). L'Adoration des bergers.

12 — **Bassan** (D'après). Le mauvais riche.

13 — **Bellotto** (Genre de). Deux Paysages vénitiens.

14 — **Berckheyden** (Attribué à). Paysage hollandais, effet d'hiver.

15 — **Beschey** (Balthazar). Bacchanale pastiche dans la manière de Rubens.

16 — **Blœmart** (Abraham). Le Festin des Dieux.

17 — **Boticelli** (École de). La Vierge, l'Enfant Jésus et le petit Saint-Jean, forme ronde.

18 — **Boyermans.** Portraits de deux Enfants. Une Fillette vêtue d'un costume jaune pose une couronne de fleurs sur la tête d'un petit garçon nu.

19 — **Brakemburg**. Scène d'intérieur.

20 — **Breughel** (Le Vieux). Le Paiement des fermages. Composition intéressante.

21 — **Breughel** et **Van Balen**. Pan et Syrinx.

22 — **Breughel.** Diane et Actéon, figures de Rottenhamer.

23 — **Breughel**, de Velours. Jésus guérissant les malades. Multitude de figures.

24 — **Breughel** (Abraham). Grand bouquet composé de fleurs de toutes sortes dans un bac.

25 — **Breydel** (Le Chevalier). Combat de cavalerie.

26 — **Bronzino**. Portrait de Femme à mi-corps vêtue d'un riche costume.

27 — **Caravage** (Michel-Ange de). Le Corps de Garde.

28 — **Carrache** (Louis). Saint Jérôme.

29 — **Clérian**. Le Sacre d'un Templier. — Office dans la Chapelle des Moines.

30 — **Coxie** (Michel). La Vierge et l'Enfant-Jésus tenant un chapelet.

31 — **Coypel**. Léda.

32 — **Coypel**. L'enlèvement de Ganymède.

33 — **Coypel** (École de). Loth et ses filles.

34 — **De la Blaque**. Marche d'Animaux près d'un Pont; aquarelle.

35 — **Dolci** (Carlo). Sainte Cécile.

36 — **Dolci** (Carlo). Sainte Rose.

37 — **Dolci** (Carlo). Sainte Agnès.

38 — **Albert Dürer** (École de). Esther aux pieds d'Assuérus.

39 — **Albert Dürer** (Attribué à). La Vierge et l'Enfant-Jésus dans un paysage et entourés de divers animaux et oiseaux, fond de paysage montagneux où l'on voit le sujet de l'annonce aux bergers.

En bas le monogramme d'Albert Dürer et la date 1519.

Composition gravée.

40 — **Van Dyck** (Attribué à). Le Christ descendu de la Croix.

41 — **Elzheimer** (Adam). La Prédication de St-Jean-Baptiste (peinture sur cuivre).

42 — **Falcone** (Agnello). Uu champ de bataille.

43 — **Falcone** (Amello). Combat de cavaliers orientaux (quatre compositions).

44 — **Ferg** (Paule de). Récréation champêtre.

45 — **Franck** (François le jeune). Le triomphe d'Amphitrite.

46 — **Franck.** La mise au tombeau.

47 — **Franck et Breughel**. La Vierge aux Anges.

48 — **Garofalo**. La Vierge, Jésus et St Joseph.

49 — **Gentileschi**. L'enlèvement d'Hélène.

50 — **Giordano** (Luca). Gracieuse composition mythologique pour plafond.

51 — **Giotto** (attribué à). Retable en trois compartiments. Au centre : la Vierge, l'Enfant Jésus, St Pierre et St Paul. A gauche : la Vierge et l'Enfant Jésus. A droite : le Christ ressucité (peinture sur fond d'or).

52 — **Guaspre-Poussin**. Paysage historique avec le sujet : Tobie et l'Ange.

53 — **Jordaens** (H). L'entrée des animaux dans l'arche de Noé (signé en toutes lettres).

54 — **Kessel** (Jan-Van). Le Paradis terrestre (signé et daté 1670).

55 — **Kessel** (Jan-Van). Le Paradis terrestre et St Antoine de Padoue portant l'Enfant Jésus.

56 — **Kœberger** (Vinceslas). Jésus présenté au peuple.

57 — **Lairesse** (Gérard de). Vénus et Adonis.

58 — **Lancret** (école de). Personnage de la Comédie italienne dans un parc.

59 — **Legde** (signé) (ancienne école flamande). Repas de personnages en costume du XVIe siècle.

60 — **Lemoine** (d'après). Hercule et Omphale.

61 — **Léonard de Vinci** (École de). La Vierge et l'Enfant Jésus.

62 — **Lucas de Leyde.** L'Adoration des bergers. Curieuse architecture.

Ce tableau porte la date de 1558 suivi d'une inscription. Bon tableau du XVIe siècle,

63 — **Maas.** Portrait d'une dame en costume élégant, posant une couronne de fleurs sur la tête de sa petite fille vêtue de rouge.

64 — **Maratti** (Carlo). La Vierge glorieuse.

65 — **Marmoni.** La Vénus à la pomme.

66 — **Maltèse** (Le chevalier). Vase d'orfèvrerie et objets d'art sur un tapis de Smyrne. Bon tableau décoratif.

67 — **Mazzolini** (Attribué à). L'Adoration des Mages.

68 — **Matsis** (Quentin). L'Assomption de la Vierge et Dieu le père, avec curieux encadrement représentant divers emblèmes religieux.

69 — **Meulen** (Van der). Attaque d'un convoi.

70 — **Michau** (Théobald). Vue d'un château. La grand'route. Deux pendants.

71 — **Mierevelt.** Portrait à mi-corps d'un officier de la garde civique.

72 — **Moiron** (Van der). Le Marché aux poissons sur une plage.

73 — **Mol** (Van). Le Christ déposé de la croix.

74 — **Momper** (Josse de). Bohémiens dans une grotte.

75 — **Momper** (Josse de). Cascade dans une grotte; paysage animé de deux figures: L'Enfant Jésus et le petit Saint-Jean, peintes par Franck.

76 — **Moor** (Karl de). Portrait d'homme à longue perruque et drapé de pourpre à l'antique.

77 — **Moor** (Karl de). Portrait de jeune femme près d'une fontaine; elle est suivie d'un négrillon.

78 — **Moor** (Attribué à Karl de). La Collation dans le parc.

79 — **Murillo** (École de). L'Immaculée conception.

80 — **Neeffs** (Peter). Intérieur d'une cathédrale gothique à trois nefs, animé de jolies figures par Sébastien Franck, signé à droite.

81 — **Neeffs** (Peter). Intérieur d'église avec nombreuses figures disséminées dans la grande nef et les chapelles latérales (Signé).

82 — **Orley** (Bernard). La Salutation Angélique, avec fonds d'architecture.

83 — **Pinturicchio** (D'après). Le Mariage de la Vierge.

84 — **Poussin** (Attribué au). L'Enfance de Jupiter.

85 — **Pozzo** (École de Michel-Ange). Le Jugement dernier.

86 — **Procaccini**. Hercule filant aux pieds d'Omphale.

87 — **Raphaël** (D'après). L'Archange St-Michel.

Dessin à la sanguine.

88-89-90 — **Ricci** (Sébastien). Trois Allégories religieuses, projets de peintures décoratives avec de nombreuses figures, forme cintrée.

91 — **Rigaud** (École de). Portrait d'un Maréchal de France, cadre Louis XIII.

92 — **Romeyn** (Villem). Troupeau sur la lisière d'un bois.

93 — **Rubens**. (École de). La Sainte Famille.

94 — **Rubens** (École de). Chasse au Cerf.

95 — **Rubens** (D'après). La Chasse au Sanglier.

96 — **Roos** (H.). Bestiaux parmi des ruines.

97 — **Sacchi** (Attribué à). L'Enlèvement de Proserpine.

98 — **Salvator Rosa**. La Bataille de Constantin contre Maxence.

99 — **Sasso Ferrato**. La Vierge en prière.

100 — **Schoen** (Genre de Martin). La Résurrection.

101 — **Snayers** (Pierre). Combat dans un bois.

Important tableau de l'artiste dans un parfait état de conservation.

102 — **Solario** (Ecole de). La Vierge à l'œillet.

103 — **Solimène**. Mars et Vénus,

104 — **Soukens** (H.). Paysage avec palais, ruines et statues, animé de nombreuses figures.

105 — **Stop** (D'après). Chasseur, pâtres et bestiaux.

106 — **Swanevelt** (Hermann). Paysage d'Italie, soleil couchant.

107 — **Tintoreto**. Une Sainte expulsant des guerriers en présentant le Saint-Sacrement.

108 — **Titien** (Ecole du). Jésus et Saint Jean enfants.

109 — **Tocqué** (Genre de). Portrait d'un Prince décoré de plusieurs ordres.

110 — **Trévisani**. Le Sommeil de l'Enfant Jésus.

111 — **Troost** Scène de Comédie.

112 — **Valk** (H. de) Le Bal hollandais (signé en toutes lettres).

113 — **Vallaert**. Deux toiles décoratives : Le Temple de Cérès. — Bergers et Troupeaux.

114 — **Venusti** (Marcel). Grisaille; Déposition de la Croix.

115 — **Verbeck** (F.) 1715. Retour de Chasse.

Important tableau de l'artiste signé et daté.

116 — **Véronèse** (Attribué à Paul). Le Repas des Pèlerins.

Intéressant tableau représentant au milieu d'un grand nombre de figures, le Pape Alexandre III, le Cardinal Germain et d'autres personnages marquants de l'époque.

117 — **Vertangen** (Daniel). Diane et ses nymphes dans une grotte.

118 — **Wett** (J. de). Laissez venir à moi les petits enfants.

119 — **Vidal** (Laur). Fruits, Insectes et Colimaçons.

120 — **Watteau** (Genre de). Fête dans un palais. — La Noce villageoise.

Deux pendants.

121 — **Vos** (attribué à Martin de). L'ensevelissement du Christ.

122 — **Wyck** (Thomas). Halte à la fontaine.

Bon tableau de l'auteur, signé en toutes lettres.

123 — **Zuccarelli**. Les pâtres.

124 — **École de Sienne XIVe siècle**. La Vierge, l'Enfant Jésus et plusieurs saints (peinture à fond d'or dans un cadre original.

125 — **École vénitienne XVe siècle**. La Vierge et l'Enfant Jésus dans un paysage, avec un épisode du massacre des innocents dans le lointain.

126 — **École de Ferrare**. La descente du Saint-Esprit sur les apôtres.

127 — **École italienne**. La résurrection de Lazare (gouache sur vélin du XVIIe siècle).

128 — **École italienne**. Deux paysages (cadres Louis XIII en bois sculpté).

129 — **École italienne**. Jésus, Ste Thérèse et un ange.

130 — **École de Fontainebleau.** Le jugement dernier.

131 — **École allemande XVIe siècle.** La Vierge portant l'Enfant Jésus, une sainte agenouillée et un personnage debout revêtu d'une somptueuse armure.

132 — **École allemande XVIe siècle.** Descente de croix.

134 — **École Flamande (fin du XVe siècle).** Volet de triptyque. Le portement de croix.

134 — **École moderne.** Vue du palais des Doges et de la Piazzetta.

GOUACHES ET MINIATURES

135 — Jolie Gouache de l'École allemande du XVIIe siècle représentant une jeune Femme dans un parc prenant des fleurs dans une corbeille tenue par l'Amour.

Exécution très soignée.

136 — Gouache sur vélin de l'École italienne : La Vierge, Jésus et Saint Jean.

137 — Deux Gouaches de l'École italienne : La Visitation et l'Assomption de la Vierge.

138 — Deux autres Gouaches : La résurrection et l'Apparition de la Vierge à Saint Antoine de Padoue.

139 — Gouache de l'École italienne : La Mort de la Vierge.

140 — Gouache de l'École italienne : La Vierge et l'Enfant-Jésus, d'après Murillo.

141 — Gouache : Saint Agnès, d'après Carlo Dolci.

142 — Gouache italienne : Apparition de la Vierge à Saint Philippe de Neri.

143 — Gouache d'après le Bassan : La Déposition de la Croix.

144 — Miniature ronde, par Bianca-Festa : Portrait du Pape Grégoire.

145 — Miniature ronde, signée Gaglier, 1857 : La Charité romaine.

146 — Miniature signée Camel-Pasquet : Portrait de Femme.

147 — Miniature : Portrait d'un officier, dans la manière d'Isabey.

148 — Miniature sur vélin : Vénus et les Amours.

149 — Miniature sur vélin : Le Père Éternel.

150 — Miniature ronde : Vénus et Adonis.

151 — Miniature sur vélin, École italienne : Saint Joseph et l'Enfant-Jésus.

152 — Miniature sur vélin, d'après l'Albane : Vénus et Adonis.

153 — Miniature sur vélin : Métamorphose d'Ovide.

154 — Miniature à l'huile. Le Portement de Croix.

155 — Miniature signée Romanini. Portrait d'Améric Vespuce.

156 — Miniature sur ivoire. Petit Paysage avec pont (Aquarelle). — Miniature ronde attribuée à Nicolle. — Architecture et figures.

157 — Miniature sur vélin, de l'école allemande Femme couchée environnée par les amours.

OBJETS D'ART

SCULPTURES, FAIENCES, OBJETS DE VITRINE, ETC.

158 — Cabinet du temps de Louis XIII en ébène incrusté d'ivoire et de pierreries offrant au centre un portique à colonnettes et contenant un tabernacle.

159 — Cabinet Louis XIII en bois d'ébène incrusté d'ivoire représentant sur les tiroirs divers oiseaux et sur la partie centrale une figure d'Apollon.

160 — Deux Panneaux en bois marqueté du temps de Louis XIII, représentant des oiseaux sur des arbustes.

161 — Deux autres Panneaux en marqueterie de bois représentant des motifs d'architecture.

162 — Guéridon octogone en bois sculpté et doré avec pied orné de figures d'enfants et de pampres, dessus de marbre, mosaïque de Florence.

163 — Autre Guéridon en bois doré supporté par une syrène ailée, dessus de mosaïque.

164 — Guéridon analogue au précédent, supporté par une figure d'enfant, dessus de mosaïque.

165 — Huit petites Consoles d'applique en bois sculpté et doré.

166 — Deux Tableaux en marqueterie de bois et d'ivoire gravé, représentant la Déposition de la Croix.

167 — Bas-relief en bois sculpté. Sujet de deux figures dans un encadrement rocaille.

168 — Statuette en marbre blanc : La Finoccha, par Paul di Polconi, d'apres Bartolmi.

169 — Bas-relief en marbre blanc sculpté, représentant un sujet de trois figures.

170 — Deux Médaillons ronds encadrés, bustes en marbre de Jésus et de la Vierge.

171 — Médaillon ovale, tête de profil à gauche en marbre blanc.

172 — Deux Statuettes en marbre blanc, figures allégoriques.

173 — Le Gladiateur blessé, statuette en bronze.

174 — Deux Figures d'Anges agenouillés et portant des vases en terre émaillée, de la suite de Luca della Robbia.

175 — Paire de deux grands Vases forme Médicis en faïence de B. Terechy, décorés de paysages agrestes et de rochers, garnis d'anses en bois sculpté et doré.

166-177-178 — Trois autres paires de Vases de forme Médicis, décorés de figures mythologiques dans des paysages, avec ornements en relief rehaussés de dorures. L'un d'eux porte la signature de B. *Terechy Ramano 1726.*

179-182 — Quatre Vases en faïence de Castel Durante, à médaillons à fleurs arabesques. de décors et de dimensions variés.

183 — Deux Cornets en faïence italienne.

184 — Plaque en faïence italienne : Le Portement de Croix.

185 — Plaque ovale : Pâtre et Moutons.

181 — Deux Plaques rondes à paysages.

187 — Deux Plaques rectangulaires en faïence de Castelli : Naïades et Tritons, Nymphes et Satyres.

188 — Plat rond encadré, en faïence italienne à sujet de deux figures.

189 — Plat encadré, en faïence italienne, représentant Vénus et l'Amour.

190 — Coupe sur pied bas, encadrée, en ancienne faïence de Caffagiolo, représentant un buste et des compartiments d'arabesques.

191 — Plaques rectangulaires en faïence de Castelli : paysage avec ruines.

192 — Bas-relief rectangulaire en argent repoussé : La Résurrection du Christ.

193 — Deux grands plats en cuivre ornés de bustes au centre et de rinceaux au pourtour.

194 — Autres plats ovales de même travail.

195 — Deux petits bas-reliefs : *Ecce homo* et Madeleine en prière, dans des bordures en filigranes d'argent.

196 — Bénitier en bois doré orné d'une petite peinture représentant la Vierge.

197 — Peinture sur verre : L'Assomption.

198 — Plaque rectangulaire en émail, de Laudin : Saint Ignace.

199 — Objets de vitrine :

Boîte Louis XVI en or avec miniature.

Montre Louis XV;

Bijoux anciens;

Objets divers, curiosités.

A. MAULDE et Cie, imprimeurs de la Compagnie des Commissaires-Priseurs, rue de Rivoli, 144. 500—97586

www.ingramcontent.com/pod-product-compliance
Ingram Content Group UK Ltd.
Pitfield, Milton Keynes, MK11 3LW, UK
UKHW032030260826
14628UKWH00006B/2852

9 782329 532295